INVENTORES Y SUS D... ...NTOS

# Henry Ford
## y el automóvil Modelo T

**por Monica L. Rausch**

**Consultora de lectura:** Susan Nations, M.Ed.,
autora/tutora de alfabetización/consultora
de desarrollo de la lectura

**Consultora de ciencias y contenido curricular:**
Debra Voege, M.A., maestra de recursos
curriculares de ciencias y matemáticas

Please visit our web site at: www.garethstevens.com
For a free color catalog describing Weekly Reader® Early Learning Library's list
of high-quality books, call 1-877-445-5824 (USA) or 1-800-387-3178 (Canada).
Weekly Reader® Early Learning Library's fax: (414) 336-0164.

**Library of Congress Cataloging-in-Publication Data**

Rausch, Monica.
  [Henry Ford and the Model T car. Spanish]
  Henry Ford y el automóvil Modelo T / por Monica L. Rausch.
    p. cm. — (Inventores y sus descubrimientos)
  Includes bibliographical references and index.
  ISBN-13: 978-0-8368-7995-7 (lib. bdg.)
  ISBN-13: 978-0-8368-8000-7 (softcover)
  1. Ford, Henry, 1863-1947—Juvenile literature.  2. Automobile engineers—United States—
Biography—Juvenile literature.  3. Inventors—United States—Biography—Juvenile literature.
  4. Ford Model T automobile—Juvenile literature.  I. Title.
  TL140.F6R3818   2006
  629.222092—dc22
  [B]                                                            2006035401

This edition first published in 2007 by
**Weekly Reader® Early Learning Library**
A Member of the WRC Media Family of Companies
330 West Olive Street, Suite 100
Milwaukee, WI  53212  USA

Copyright © 2007 by Weekly Reader® Early Learning Library

Editor:  Dorothy L. Gibbs
Cover design and page layout:  Kami Strunsee
Picture research:  Sabrina Crewe

Produced in cooperation with A+ Media, Inc.
Editorial Director: Julio Abreu
Editor: Adriana Rosado-Bonewitz
Graphic Design: Faith C. Weeks

Picture credits: cover (main), pp. 4, 7, 8, 10, 12, 20 The Granger Collection, New York; cover (right), title page
Library of Congress; pp. 5, 6, 9 © North Wind Picture Archives; p. 11 © Corbis; pp. 13 (both), 14, 15, 16, 17, 19, 21
© Bettmann/Corbis; p. 18 © Underwood & Underwood/Corbis.



Printed in the United States of America

1 2 3 4 5 6 7 8 9 10 10 09 08 07 06

# Contenido



**Cubierta: El Modelo T de 1908 tuvo un estilo de carrocería diferente al de otros Modelo T, pero todos los automóviles Modelo T tuvieron el mismo motor.**

**Cubierta y portada: Henry Ford (1863–1947) fundó la Ford Motor Company en 1903.**

# Capítulo 1
# El estupendo Modelo T

Un **automóvil** (o coche) nuevo y reluciente salió de la fábrica Ford en Detroit, Michigan. Era el primero de octubre de 1908. El primer Modelo T estaba en camino hacia su nuevo propietario.

El Modelo T no era un coche pesado, pero era fuerte, lo suficiente para andar en caminos de tierra, llenos de baches.  Estaba hecho de una clase nueva de acero. El Modelo T también era fácil de manejar.  Tenía pocas partes y un **diseño** simple.  Si un Modelo T se estropeaba, era fácil de arreglar.

**A principios de los 1900, los caminos estaban llenos de baches. Estaban hechos para caballos y carretas, no para automóviles.**

Henry Ford estaba orgulloso del Modelo T.  Había
trabajado durante dos años planeando el diseño
de su automóvil nuevo — ¡pero todavía no lo había
terminado!  Ford quería construir el Modelo T con
más rapidez y por menos dinero.  Deseaba que todos
pudieran comprarlo.

**Al principio, sólo los ricos podían comprar coches.  Este
automóvil con motor de vapor de 1907 se consideraba un
"coche de caballero".**

**El Modelo T de Ford costaba $850 en 1908.  Para los 1920, costaba menos de $300, de modo que muchas más personas lo podían comprar para ir en automóvil al trabajo.**

Durante los cinco años siguientes, Ford buscó una mejor manera de construir el Modelo T; para 1914, se estaba fabricando con mucha rapidez y a un costo muy bajo.  Muchas más personas podían **costear** comprarlo.  ¡El Modelo T estaba cambiando la manera en que se viajaba en Estados Unidos!

## Capítulo 2
# De la granja a la fábrica

Henry Ford nació el 20 de julio de 1863, en Dearborn, Michigan.  Cuando era joven, le gustaban los juguetes que tenían partes que se movían.  ¡Sus hermanas y hermanos menores tenían que mantener sus juguetes alejados de Henry porque él los desarmaba para ver cómo funcionaban!

Cuando Ford tenía unos 13 años, vio un carro de granja
que se movía sin caballos.  El carro se movía con un
**motor de vapor**.  Ford quedó asombrado.  Le pidió al
granjero que le dijera todo acerca de cómo funcionaba
el carro.

**A finales de los 1800, algunos granjeros usaban carros y
tractores con motor de vapor.  Estos motores eran muy
caros y difíciles de encender.**

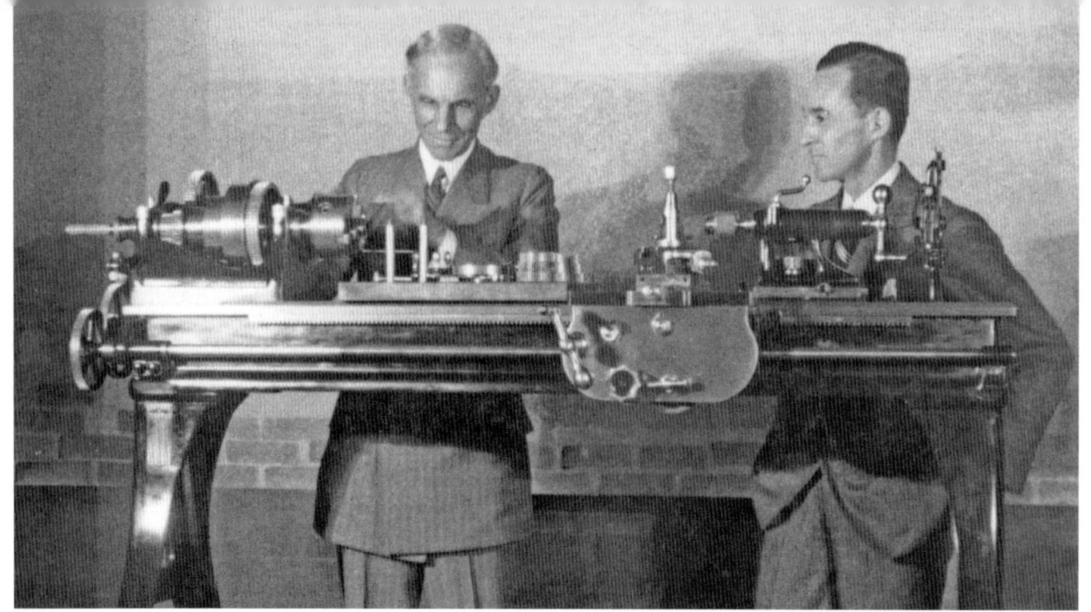

Henry Ford y su hijo Edsel miran una máquina exhibida en Nueva York en 1928. Es una máquina giratoria llamada **torno**. Es el primer torno de Ford. Ford usó esta máquina en 1894 en su taller pequeño en Detroit.

Ford no pudo olvidar esa asombrosa máquina. A los 16 años, dejó la granja de su padre para trabajar en máquinas en Detroit, Michigan. Soñaba con construir una máquina nueva. El padre de Ford quería que administrara una granja, pero Ford no quiso abandonar su sueño.

Antes de los 1900, la mayoría de las personas viajaba en carretas o **carruajes** tirados por caballos. Ford quería construir un carruaje que no necesitara caballos: un "carruaje sin caballos".

**En 1897, en algunas ciudades grandes había tranvías eléctricos, pero las calles aún estaban llenas de caballos y carruajes.**

# Capítulo 3
# El automóvil de todos

Henry Ford no fue el primero, ni el único, que deseaba construir un "carruaje sin caballos". Algunos construyeron carruajes con motor de vapor. Pero este motor era muy pesado y, a veces, cuando el vapor se calentaba demasiado, ¡el motor explotaba!

Un coche con motor de vapor necesitaba agua para funcionar. El agua se calentaba en el motor para hacer vapor, que producía la energía para mover el coche.

**Coche eléctrico (los 1890)**

Otros construyeron carruajes con motor eléctrico que funcionaba con **baterías**. Un carruaje con motor eléctrico era lento, y no recorría una distancia muy larga antes de que la batería se quedara sin fuerza.

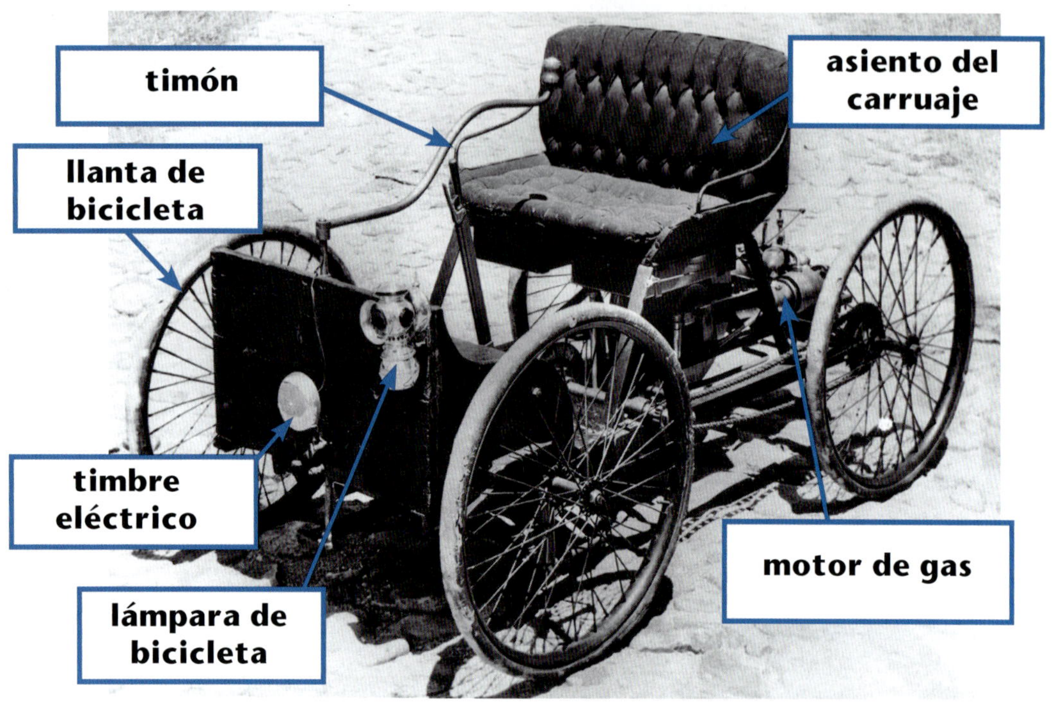


**Ford construyó su primer coche usando partes de otros vehículos. El motor de gasolina estaba detrás del asiento.**

Ford creía que un motor de gasolina era la mejor clase para usar en un carruaje sin caballos. En 1896, usó un motor de gasolina para su primer automóvil. La velocidad máxima del coche era de 32 kilómetros (20 millas) por hora.

El costo para fabricar los primeros coches era muy alto.  Se hacía uno a la vez.  Cada coche era un poco diferente, y ninguno se hacía exactamente igual.  Dado que los coches costaban tanto y no avanzaban muy rápido, la mayoría de la gente no creía que fueran útiles.

**Este coche de 1902 avanzaba a sólo alrededor de 23 km (14 millas) por hora.  Se necesitaban siete y medio días para conducirlo desde Detroit a una exposición en Nueva York.**

**Ford fabricó este coche de carreras en 1902. Viajaba a 97 km (60 millas) por hora. Estableció un récord de velocidad en Estados Unidos.**

En 1902, Ford construyó un coche de carreras. Creía que si hacía un coche rápido, las personas empezarían a creer que los coches eran útiles. Su coche de carreras causó asombro. Ford finalmente estaba listo para construir coches que todos podrían usar.

Ford trató de fabricar muchos **modelos** de coches, empezando con el Modelo A.  Trabajó duro para hacer un coche útil que no costara demasiado.  Ese coche era el Modelo T.  Después, Ford necesitó construir buenos coches más rápidamente.  En 1913, encontró una manera.

**Ford terminó el diseño del Modelo T en 1908.  Tenía un motor de gasolina en la parte delantera, con una cubierta o capó. El motor se encendía con una manivela.**

**En una cadena de montaje, cada coche se hacía exactamente con las mismas partes. Ningún coche se hacía especial o diferente.**

En 1913, se empezaron a construir coches de una manera nueva en la fábrica de Ford: en una **cadena de montaje**. Los trabajadores se paraban en dos filas, y los coches avanzaban a lo largo de una plataforma o sobre una banda sin fin que estaba entre ellos.

Cuando la banda sin fin se detenía, los trabajadores que estaban en ese lugar de la fila hacían una tarea especial para ayudar a construir un coche.  Un trabajador no tenía que saber cómo construir todo el coche, sino sólo cómo hacer una tarea.

**Los trabajadores en esta cadena de montaje de 1913 sólo están haciendo una clase de parte del coche.  En una cadena de montaje, el tiempo que se requería para hacer la parte disminuyó desde 20 hasta 5 minutos.**

# Capítulo 4
# Millones de Modelo T

Los trabajadores de Henry Ford terminaron el primer
Modelo T en octubre de 1908.  Durante ese mes,
hicieron solamente otros 10; sin embargo, en diciembre
de 1908, ¡fabricaron 200!  Según los trabajadores
hacían los coches cada vez más rápido, el precio bajaba
cada vez más.

Al principio, se requerían más de 12 horas para construir un Modelo T.  Para 1914, ¡los trabajadores podían construirlo en una hora y 33 minutos!  Ford fabricaba coches más rápido que cualquier otra compañía, y cada vez más personas compraban el Modelo T.  Para 1924, se habían vendido más de 10 millones. ¡Todos querían uno!

**Henry Ford se sienta orgullosamente en uno de sus automóviles en frente de la fábrica de su compañía durante los 1920.**

# Glosario

**automóvil** — una máquina con ruedas que transporta personas de lugar en lugar, usando un motor para hacer que se mueva; un coche

**cadena de montaje** — una fila de trabajadores, cada uno de los cuales permanece en un lugar mientras los objetos que está haciendo, o montando, avanzan de una persona a otra

**carruajes** — vehículos cerrados con ruedas por lo general jalados por caballos y que tienen adentro asientos para pasajeros

**costear** — tener suficiente dinero para comprar algo

**diseño** — un plan o modelo para construir algo

**modelos** — objetos hechos a partir de diseños, y que se usan para hacer más objetos iguales a ellos

**torno** — una herramienta usada para cortar metal en formas de cilindro

# Libros

*En carro.* ¡Vámonos! (series).  Susan Ashley (Gareth Stevens)

*Henry Ford.*  Gente que hay que conocer (series).  Jonatha A. Brown (Gareth Stevens)

*Henry Ford.*  Inventores famosos (series).  Ann Gaines (Rourke)

*Los viajes.*  Cómo era la vida en América (series).  Dana Meachen Rau (Gareth Stevens)

*The Story of Model T Fords.*  Classic Cars (series).  David K. Wright (Gareth Stevens)

# Índice



# Sobre la autora

**Monica L. Rausch** tiene una maestría en formación literaria por la Universidad de Wisconsin-Milwaukee, donde actualmente da clases sobre composición, literatura y redacción creativa. Le gusta escribir ficción, pero también le divierte escribir sobre hechos reales. Monica vive en Milwaukee cerca de sus seis sobrinos a quienes les encanta escuchar los libros que les lee.